BIBLI TH   D'EDUCATION MODERNE

SIMPLES NOTIONS

DE MORAL

CIVIQUE

LES DROITS ET LES DEVOIRS

DU CITOYEN

PAR

CHARLES SCHUWER

DIRECTEUR D'ÉCOLE NORMALE

PARIS CHARAVAY FRÈRES ÉDITEURS

4 Rue de Furstenberg

1882

ECOLE
LOI
R·F·

SIMPLES NOTIONS

DE MORALE

CIVIQUE

LES DROITS ET LES DEVOIRS DU CITOYEN

PAR

CHARLES SCHUWER

DIRECTEUR D'ÉCOLE NORMALE

PARIS. CHARAVAY FRÈRES ÉDITEURS

4 rue de Furstenberg

1882

DU MÊME AUTEUR

L'ECOLE CIVIQUE

PREMIÈRE PARTIE : LES DROITS ET LES DEVOIRS. Les deux premières éditions de cet ouvrage ont été approuvées par le Ministère et honorées d'une médaille de bronze à l'exposition du Mans, — d'une médaille d'argent de la Société d'éducation et d'instruction populaires.

DEUXIÈME ET TROISIÈME PARTIES (en préparation).

SIMPLES NOTIONS

DE MORALE CIVIQUE

Enseignons à nos enfants à aimer la République, cette République que leurs pères ont eu tant de peine à fonder et à conserver, et montrons leur que c'est le seul gouvernement possible, parce qu'il n'a pour assises que le Droit et la Justice !

1. — L'État est la réunion des groupes formés par les familles, habitant un même pays, soumis aux mêmes lois, ayant les mêmes mœurs et la même langue.

---

1. — Les familles forment la société, qui, à son tour, dans son ensemble, vient former l'État.

L'État est donc la réunion de tous les groupes formant le corps social, gouverné d'après des lois consenties par la nation tout entière. Dans un État, les mœurs et la langue sont généralement les

2. — L'administration est, d'une façon générale, la direction de toutes les affaires du pays. Elle se subdivise en plusieurs branches selon son objet, armée, finances, etc.

3. — La commune est la réunion de plusieurs familles vivant en communauté au point de vue des intérêts généraux.

---

mêmes, surtout en France, où l'unité est complète.

Quand une nation se gouverne elle-même, au moyen de chefs qu'elle nomme, le gouvernement s'appelle la République ; la France, la Suisse, les États-Unis sont des républiques.

2. — Un état, mes enfants, peut être comparé à une grande machine, ayant des ressorts, des rouages, qui ont chacun une fonction différente : finances, justice, armée, etc.... ; le travail que font ces ressorts et ces rouages, s'appelle *administrer* ; la machine entière a le nom d'*administration*.

Pour bien vous faire comprendre quel est le mécanisme de l'administration, nous commencerons par ce que vous connaissez bien : votre village ou votre commune.

1º La commune.

3. — Un village, ou commune, se compose d'un groupe de familles.

Cent familles, deux cents familles réunies, ont

4. — La commune est administrée par un maire, un adjoint et un Conseil municipal.

5. — Le Conseil municipal est élu par le suffrage universel.

---

des intérêts communs à régler, il y a des dépenses à faire qui regardent toute la communauté : il faut acheter une pompe à incendie, bâtir un lavoir, construire une maison d'école, payer un garde-champêtre, etc., croyez-vous, mes enfants, que tous les habitants du village puissent s'occuper de tant d'intérêts divers ? Non, ce serait du désordre.

4. — Or, comment règle-t-on ces intérêts ? En en chargeant des délégués qui, au nom de tous, administrent la commune. Cette assemblée de délégués se nomme Conseil municipal ; et les délégués, conseillers municipaux.

5. — Les membres du Conseil municipal, dont le nombre varie de 12 à 36, suivant le nombre d'habitants de la commune, sont nommés à l'élection pour trois ans ; c'est-à-dire que tous les hommes âgés de 21 ans, ayant deux ans (1) de sé-

(1) La loi exige une résidence de *deux années* pour les citoyens qui ne sont pas nés dans la commune, qui n'y ont pas tiré au sort, qui ne s'y sont pas mariés ou qui ne paient pas de contributions.

Pour les citoyens mariés dans la commune ou qui paient une contribution, la résidence exigée est d'*un an*.

Pour ceux qui sont nés dans la commune, qui y ont tiré au sort, la résidence n'est que de *six mois*.

6. — Le maire est choisi parmi les conseillers municipaux.

---

jour dans la commune, n'ayant pas perdu par une condamnation leurs droits de citoyen, se réunissent et nomment, au moyen du vote, les membres qui seront chargés, au nom de tous, de s'occuper des affaires du village. L'exercice du droit de vote, accompli par tous les citoyens, s'appelle le suffrage universel; c'est dans l'élection communale qu'il fait sa première apparition. Puisque les habitants nomment ceux qui devront faire leurs affaires, vous voyez que c'est comme s'ils les faisaient eux-mêmes, seulement il y aura de l'ordre, et les intérêts de tous seront bien servis.

Mais de ce droit qu'ont les habitants d'une commune de choisir les conseillers municipaux, c'est-à-dire d'être électeurs, découlent deux devoirs :

1° Toujours bien vous conduire, afin de ne jamais perdre vos droits au suffrage universel qui est la plus belle prérogative du citoyen français.

2° Bien choisir les délégués à qui vous confiez le soin de vos affaires, ne prendre que des hommes éclairés, instruits, probes.

6. — Le Conseil municipal délibèrera sur les affaires de la commune, c'est bien; mais il faut quelqu'un pour exécuter ces délibérations : c'est

7. — Le maire fait exécuter les délibérations du Conseil municipal ; il est aussi officier de l'état civil.

8. — Le budget d'une commune est un état des ressources de la commune, recettes et dépenses.

---

le maire. Il est le chef du Conseil municipal et choisi parmi les membres de ce Conseil. Dans les petites communes, le maire est nommé par les conseillers municipaux ; dans les grandes, par le Président de la République.

Le maire ne peut être seul, il faut quelqu'un pour le remplacer s'il est absent. C'est l'adjoint.

Comme signe distinctif de leur autorité, ces deux magistrats ont une écharpe aux couleurs nationales, vous la leur avez vue souvent.

7-8. — Voyons un peu quelles sont les attributions du maire et celles des différents fonctionnaires de la commune.

Le maire fait percevoir les impôts et exécuter les dépenses qu'a votées le Conseil municipal. Établir des impôts, c'est vous dire que la commune reçoit de tous les habitants de l'argent qu'elle peut dépenser dans leur intérêt.

Faire un état de recettes et de dépenses, s'appelle établir le *budget*. Le budget consiste donc

LE MAIRE EST UN OFFICIER DE L'ÉTAT CIVIL : IL FAIT LES MARIAGES.

9. — Le Conseil municipal peut être suspendu par le préfet et dissous par le Président de la République.

10. — Le maire peut être suspendu par le préfet et révoqué par le Président.

---

dans les revenus de la commune et dans l'emploi de ces revenus. C'est avec les ressources indiquées dans le budget, qu'on paye l'instituteur, le garde champêtre, etc.

Le maire, mes enfants, est en outre officier de l'État civil, c'est-à-dire qu'il fait les mariages, fait inscrire les naissances et les décès dans un registre spécial qu'on appelle Recueil des actes de l'État civil.

Le maire est aussi préposé à la surveillance des écoles et des salles d'asile.

9. — Les conseillers municipaux et le maire sont responsables de la gestion des affaires de la commune. Par conséquent, s'ils les font mal, ils peuvent être destitués de leurs fonctions. Le Conseil municipal peut être suspendu par le préfet et dissous par décret du Président de la République.

10. — Le maire peut être suspendu par le préfet et révoqué par décret.

Voyons un peu quels sont les autres fonctionnaires de la commune.

11. — Les autres fonctionnaires de la commune sont : le curé, le percepteur, l'instituteur, le garde-champêtre.

12. — Les devoirs envers les autorités sont le respect et la soumission, car ils sont les représentants de la Loi.

---

11. — Après le maire, vient le curé qui est chargé de tout ce qui a rapport à la religion. Ses attributions sont *essentiellement* du domaine spirituel ; il représente l'Église dans le village.

Un autre fonctionnaire, que vous connaissez tous, l'instituteur, représente l'instruction publique.

Vient ensuite le percepteur que vous voyez à époques fixes au village : c'est lui qui s'occupe des finances, c'est-à-dire de faire rentrer les impôts dus par tous les citoyens.

Enfin, mes enfants, il y a dans chaque commune un garde-champêtre : il est, si je puis m'exprimer ainsi, le représentant de la justice dans le village. Il est chargé de la police. Il a le droit de dresser procès-verbal contre les malfaiteurs.

12. — Voilà quels sont les premiers représentants de la loi que vous apprenez à connaître. Vos principaux devoirs envers eux, et en général envers tous les fonctionnaires de l'État, consistent dans le respect et la soumission. Rappelez-vous tou-

13. — Le canton est une réunion de plusieurs communes, sans administrateur spécial.

14. — Le juge de paix réside au chef-lieu.

15. — L'arrondissement, réunion de plusieurs cantons, est administré par un sous-préfet.

---

jours, mes enfants, que ce n'est pas seulement l'homme que vous avez à respecter, mais la loi qu'il est chargé de faire exécuter.

2° Le Canton.

13. — Votre commune n'est pas seule en France ; autour d'elle, et distants de quelques kilomètres, se trouvent d'autres villages. La réunion de quelques-uns de ces villages forme le canton. Le canton n'a pas d'administrateur spécial, il est seulement le chef-lieu de quelques communes.

14. — Ce qui intéresse surtout les communes, c'est que c'est au chef-lieu de canton que réside le juge de paix, c'est-à-dire le premier degré du pouvoir judiciaire. C'est le magistrat le plus populaire, dont la mission consiste surtout dans la conciliation. Il doit chercher à arranger à l'amiable les contestations qui s'élèvent entre les individus.

3° L'arrondissement.

15. — Plusieurs cantons forment un arrondissement, à la tête duquel est placé un sous-préfet.

16. — Le sous-préfet administre l'arrondissement avec un conseil élu par le suffrage universel, appelé Conseil d'arrondissement.

La ville où réside le sous-préfet est le chef-lieu d'arrondissement.

Les cantons, les communes sont administrés par le sous-préfet, qui est placé sous les ordres immédiats du préfet. Il est nommé par le Président de la République.

16. — Les attributions du sous-préfet consistent surtout en ce qu'il est un intermédiaire entre les communes et le préfet. Ainsi, mes enfants, le maire de notre village a une demande à adresser au préfet, il l'adresse d'abord au sous-préfet qui l'envoie ensuite avec son avis au préfet.

Le sous-préfet agit surtout comme délégué du préfet ; c'est lui qui préside au tirage au sort dans les chefs-lieux de canton.

Il a aussi quelques attributions personnelles, il donne l'autorisation pour l'ouverture de débits de boissons de troisième ordre, il légalise les certificats d'indigence, de bonne vie et mœurs, il autorise la circulation des voitures. Il s'occupe aussi des questions qui intéressent l'instruction primaire.

Le sous-préfet administre avec un conseil électif appelé conseil d'arrondissement.

17. — Les principales autorités du chef-lieu d'arrondissement sont : l'inspecteur primaire, le receveur particulier, les juges du tribunal, le capitaine de gendarmerie.

Le Conseil d'arrondissement examine les réclamations des communes, fait la répartition de l'impôt entre les communes. Il sert surtout à éclairer le Conseil général et le préfet pour l'administration du département. Il a le droit d'émettre des vœux en faveur de l'arrondissement.

Il y a autant que possible un conseiller par canton. Les conseillers sont nommés par le suffrage universel.

17. — Dans le chef-lieu d'arrondissement se trouvent d'autres autorités dont je vais vous citer les principales.

Dans le village, mes enfants, vous avez un instituteur, cet instituteur a son chef dans l'inspecteur primaire qui habite au chef-lieu. C'est lui qui vient visiter les écoles tous les ans, qui s'occupe de vos progrès et de tout ce qui se rapporte à l'instruction primaire dans l'arrondissement.

Vous connaissez le percepteur qui vient toucher les impôts dans votre village ; le chef de tous les percepteurs est le receveur particulier qui habite le chef-lieu ; c'est dans sa caisse que sont versées toutes les sommes perçues pour l'État. C'est aussi le receveur particulier qui paie au nom de l'État les fonctionnaires publics.

Dans le canton vous avez un juge de paix qui représente la justice ; au chef-lieu d'arrondissement se trouve un tribunal appelé de *première instance,* parce que c'est à lui qu'on s'adresse en premier lieu. Ce tribunal est composé d'un président et de deux ou trois juges *inamovibles,* c'est-à-dire qu'on n'a pas le droit de révoquer. A côté de ces juges inamovibles il y a le *parquet* composé d'un procureur de la République et d'un substitut, qui représentent le *ministère public* ; ils parlent au nom de l'État, dont ils défendent les intérêts ; ils sont *amovibles,* c'est-à-dire qu'on peut les révoquer. Ils sont nommés, ainsi que les juges, par le Président de la République.

C'est aussi au chef-lieu d'arrondissement que se trouve le capitaine de gendarmerie. Il a sous ses ordres les brigades placées dans les chefs-lieux de canton. Les gendarmes sont des soldats chargés de maintenir l'ordre, de faire respecter la loi et d'arrêter les malfaiteurs. « Le gendarme est l'ami et le défenseur naturel des citoyens paisibles, comme il est la terreur des braconniers, des tapageurs, des ivrognes et des voleurs. » Ceux qui en disent du mal ou le redoutent sont ceux qui n'ont pas la conscience tranquille.

18. — Le département est formé de la réunion de quatre ou cinq arrondissements.

19. — Le département est administré par un préfet.

20. — Le Conseil de préfecture est chargé de seconder le préfet, mais seulement dans les affaires administratives.

4° Le Département.

18. — Plusieurs arrondissements, quatre ou cinq au plus, forment un département.

L'Assemblée nationale de 1789 a divisé la France en départements, à chacun desquels elle a donné un nom tiré de la géographie du pays, soit d'un nom de fleuve, soit d'un nom [de montagne, comme la Seine, le Puy-de-Dôme, les Vosges.

19-20. — Chaque département est administré par un préfet, assisté d'un *Conseil de préfecture* pour les affaires administratives, et du *Conseil général* pour les affaires du département.

Le préfet est nommé par le Président de la République, au nom duquel il exerce, dans le département, le pouvoir exécutif; il réside au chef-lieu du département.

Il doit inspecter chaque service de son administration, faire des tournées pour s'occuper de tous les intérêts du département, et adresser des rap-

21. — Le Conseil général est **un conseil** élu par le suffrage universel; il s'occupe de tous les intérêts financiers du département.

---

ports aux ministres, surtout au ministre de l'intérieur, qui est le chef de tous les préfets de France. Parmi les attributions du préfet, une des plus importantes est celle qui lui donne le droit de nommer et révoquer les instituteurs publics.

21. — Le Conseil général de chaque département est un conseil électif placé auprès du préfet pour aider, éclairer et contrôler son administration, en ce qui concerne les affaires du département.

Le Conseil général vote les dépenses qui intéressent le département tout entier.

Les conseillers généraux sont nommés pour six ans, par le suffrage universel, dans chaque commune; on les renouvelle par moitié tous les trois ans. Ils tiennent deux séances par an, au mois d'avril et au mois d'août. Le Conseil général répartit la contribution directe entre les arrondissements, c'est-à-dire fixe la part que chaque arrondissement doit payer à l'État. Il peut émettre des vœux intéressant le département, par exemple, pour la création de routes, de canaux, pour un tracé de chemin de fer, pour le reboisement des montagnes, l'aménagement des eaux, etc.

22. — Les autres autorités du département sont : le trésorier général, l'inspecteur d'Académie, le directeur des postes, de l'enregistrement, des contributions directes et indirectes, etc.

23. — Il y a aussi en France quatre grandes administrations qui sont : 1° la justice, 2° l'armée, 3° le clergé, 4° l'instruction publique.

---

22. — Nous trouvons, comme autres autorités principales, au chef-lieu du département, le trésorier général ; il est le chef de tous les receveurs d'arrondissements ; tout l'argent perçu dans le département est versé dans ses caisses. Il est chargé des dépenses de l'État.

Il y a aussi, dans chaque département, un inspecteur d'Académie, qui s'occupe de l'instruction publique ; il est le chef des inspecteurs primaires.

Chaque branche de l'administration est représentée, au chef-lieu, par un directeur et un inspecteur : directeur des postes, de l'enregistrement, des contributions directes, inspecteur des forêts, etc., etc...

<h3 style="text-align:center">5° Les quatre grandes divisions administratives.</h3>

23. — Il y a aussi, mes enfants, quelques grandes administrations qui comprennent plusieurs départe-

24. — La justice est représentée par vingt-sept cours d'appel.

25. — L'armée est répartie entre vingt circonscriptions militaires.

---

ments et dont je veux vous dire quelques mots : ce sont les divisions judiciaire, militaire, religieuse et académique.

24. — La France est partagée en vingt-sept ressorts judiciaires ou cours d'appel, à la tête desquelles se trouve un premier président ayant sous ses ordres des conseillers. Chaque cour d'appel a aussi un parquet ayant pour chef un procureur général assisté de substituts et d'avocats généraux.

Les cours *d'appel* sont ainsi nommées, parce qu'elles reçoivent appel des jugements rendus par les tribunaux d'arrondissements.

Ce sont les conseillers qui président les cours d'assises où l'on juge les criminels.

Enfin, il y a à Paris un tribunal suprême, appelé *cour de cassation*, qui a pour mission de reviser et casser, s'il y a lieu, les jugements des cours d'appel.

Le premier président et les conseillers sont inamovibles comme les juges ; les procureurs généraux et les substituts peuvent être révoqués.

25. — L'armée française est divisée en vingt circonscriptions militaires appelées *corps d'armée*.

26. — L'Église est représentée par soixante-six évêchés et quinze archevêchés.

27. — L'instruction publique est partagée entre dix-sept académies.

A la tête de chaque corps d'armée est placé un général commandant en chef, qui a sous ses ordres des généraux de division commandant une division ; ceux-ci, à leur tour, ont comme subordonnés des généraux de brigade, commandant une brigade.

26. — Au point de vue religieux, la France est divisée en *diocèses*, à la tête de chacun desquels est placé un évêque, et en provinces ecclésiastiques ayant chacune pour chef un archevêque. Les évêques nomment les curés des communes. Les archevêques et évêques sont nommés par décret du président de la République. Ils sont les supérieurs de tous les curés et administrent les affaires de l'Église.

27. — Sous le rapport de l'instruction publique, la France est divisée en dix-sept *académies*, ayant chacune un recteur à sa tête. Les académies, comme les cours d'appel, comme les corps d'armée, comprennent plusieurs départements. Le recteur est assisté d'un conseil académique. Il veille au maintien des méthodes prescrites dans

28. — La réunion de tous les départements forme l'État.

29. — Dans l'État il y a deux pouvoirs : 1° celui qui fait des lois ou *pouvoir législatif;* 2° celui qui fait exécuter les lois ou *pouvoir exécutif.*

30. — Le pouvoir législatif appartient aux députés.

31. — Les députés sont les représentants du peuple.

---

les écoles primaires. Il est le chef des inspecteurs primaires et des inspecteurs d'académie.

6° L'État.

28. — Nous arrivons enfin, mes enfants, à la réunion de tous les départements, et nous avons alors le pays tout entier. — L'ensemble de tous les départements forme l'État.

29. — Nous trouvons dans l'État deux pouvoirs :

1° *Le pouvoir législatif,* ou celui qui fait des lois ;

2° *Le pouvoir exécutif,* ou celui qui veille à l'exécution des lois.

30-31. — Nous allons d'abord nous occuper, mes enfants, du pouvoir de faire des lois. A qui appartient ce pouvoir ? A la nation tout entière. Mais il en est de même ici que pour la commune : tous les

32. — Ils sont nommés par le suffrage universel.

33. — Le suffrage universel est le droit qu'ont tous les citoyens de nommer, au moyen du vote, leurs représentants au Conseil municipal, au Conseil d'arrondissement, au Conseil général et à la Chambre des députés.

Français ne peuvent pas plus s'occuper des affaires du pays, que les habitants du village des intérêts de la commune. Qu'a-t-on fait dans le village ? On a nommé des délégués appelés conseillers municipaux ; pour le pays, tous les Français nommeront aussi des délégués, qu'on appelle *députés*.

32. — Pour être député, il faut être âgé de vingt-cinq ans, Français, et pourvu de ses droits politiques.

Il y a un député par arrondissement. Le vote a lieu au chef-lieu de la commune. Les députés sont nommés pour quatre ans.

33. — C'est ici que nous allons voir s'exercer complètement le suffrage universel. On peut, mes enfants, vous définir ainsi le suffrage universel :

C'est le droit qu'ont tous les citoyens de nommer, au moyen du vote, les délégués qui seront chargés, au nom de tous, de s'occuper des intérêts du pays. La France est, par conséquent, maîtresse

34. — Les devoirs de l'électeur sont de toujours voter ; de voter librement ; de bien choisir le candidat auquel il accordera sa voix ; enfin de se bien conduire pour ne jamais perdre ses droits d'électeur.

---

de ses destinées ; elle nomme tous ses représentants : les conseillers municipaux, les conseillers généraux, les députés.

Le suffrage universel doit être complétement libre, c'est-à-dire que les citoyens ont le droit de choisir leurs délégués ; personne n'a le pouvoir de leur en imposer un. Ils ne doivent pas se laisser conduire au scrutin comme un troupeau de moutons, il faut qu'on ne puisse plus les duper par de belles promesses ou les intimider par des menaces. C'est en hommes libres qu'ils doivent voter, et selon leur conscience.

34. — Un de vos premiers devoirs, quand vous serez devenus des hommes, mes enfants, sera d'aller voter. Il ne faut jamais s'abstenir. Il faut user de votre droit au suffrage universel ; ce droit est sacré ; aucun citoyen ne peut rester indifférent au gouvernement de son pays ; or, ce serait ne pas s'occuper de la France que d'assister, sans y prendre part, à un acte aussi solennel et aussi utile aux intérêts du pays, que l'élection de ses dé-

légués. Mais, pour exercer ce droit en toute connaissance de cause, les électeurs doivent d'abord savoir si le candidat est un homme instruit, honnête, et ce qu'il fera dans l'intérêt du peuple. Toutes ces questions sont très importantes, mes enfants ; il faudra bien vous en souvenir plus tard, quand vous aurez l'âge exigé pour voter.

Il faut que je vous dise aussi ce qui est nécessaire pour être électeur :

Pour être électeur, il faut avoir vingt et un ans, être Français et avoir six mois de résidence dans la ville où l'on doit voter (pour l'élection municipale, il faut deux ans), il faut ne pas être privé de ses droits politiques par une condamnation, ainsi que je vous l'ai déjà dit ; et, enfin, être inscrit sur la *liste électorale*.

Une commission, composée du maire, d'un délégué du préfet, d'un conseiller municipal, dresse la liste de tous les électeurs de la commune. Vous allez voir l'importance de cette liste, car, si vous n'y étiez pas inscrits, vous ne pourriez voter ; il est donc indispensable d'aller constater par vous-mêmes, dans le délai de vingt jours après la publication de la liste, si l'on n'a pas oublié de vous inscrire. Après les vingt jours, l'électeur n'aurait plus le droit de réclamer ; il lui faudrait attendre l'année suivante pour recouvrer son droit. Toute négligence est grave, quand il s'agit de la France.

35. — Il faut d'autant mieux choisir les députés qu'ils disposent des plus grands intérêts de la France.

36. — Le pouvoir législatif appartient en partie à une seconde chambre nommée au suffrage restreint, c'est le Sénat.

Les deux assemblées réunies se nomment le Congrès.

---

35. — Revenons maintenant aux députés, mes enfants, et voyons quelles sont leurs attributions : ils votent les lois qui intéressent toute la nation ; ils établissent le budget de la France. Ils font des lois militaires, des lois pour l'instruction publique, pour l'industrie, le commerce, etc...; ils décident de la paix ou de la guerre.

Vous voyez combien sont grands les intérêts confiés aux représentants du pays, et, par conséquent, avec quel soin il faut les choisir pour qu'ils fassent bien les affaires de tous les citoyens qui les ont nommés.

36. — A côté de la Chambre des députés, il y a le *Sénat*. C'est une autre assemblée qui est composée de 300 membres, dont 75 sont inamovibles, nommés par l'Assemblée de 1871 ; les autres sont nommés à l'élection. Mais il n'y a que les députés, les conseillers généraux, les délégués des conseils

37. — La loi votée par les Députés, sanctionnée par le Sénat, est exécutoire pour tous. Nul ne doit s'y soustraire. Établie au nom de tous, consentie par tous, elle est au dessus de tous.

---

municipaux , qui participent à cette élection.

Le Sénat a aussi le droit de faire des lois, excepté la loi de finances. C'est lui qui ratifie les lois votées par la Chambre des députés.

Le Sénat et la Chambre des députés réunis forment le *Congrès* qui nomme le Président de la République, et qui, seul, peut changer quelque chose à la Constitution.

C'est aussi devant le Sénat que le Président de la République et les ministres sont responsables de la gestion des affaires de la France.

37. — La loi votée par la chambre des Députés, consacrée par la sanction du Sénat, est promulgée, c'est-à-dire portée à la connaissance de tous par le pouvoir exécutif. Dès lors elle devient exécutoire pour tous. Nul n'est censé l'ignorer et ne peut la méconnaître.

Il faut toujours avoir le plus grand respect pour la loi. C'est elle qui protège vos personnes, vos biens, vos entreprises, contre ceux qui pourraient trouver leur intérêt à vous attaquer et à vous nuire. Ne violez jamais la loi, de peur de donner

38. — Le chef du pouvoir exécutif se nomme le Président de la République.

---

l'exemple d'une infraction que d'autres pourraient exercer à vos dépens. La loi est sacrée ; elle est égale pour tous.

RESPECT A LA LOI.

...... La liberté ne veut pas de despotes.
Chapeau bas, grands seigneurs ! chapeau bas, sans cu-
Et saluez la loi, non les individus ;   [lottes,
Car ce n'est qu'à la loi que ces respects sont dus.
Le nouveau droit commun confond toutes les classes ;
Je ne distingue plus ni familles ni races ;
Le peuple est tout le monde, et les nobles anciens,
Tombés nobles, se sont relevés citoyens.

. . . .

Je veux tout simplement briser la tyrannie ;
Qu'elle vienne d'en haut, qu'elle vienne d'en bas,
Elle est la tyrannie, et je ne l'aime pas.

                          (PONSARD.)

38. — Le pouvoir exécutif, mes enfants, est celui qui consiste à faire exécuter les lois.

Il est confié, à un Président nommé pour sept ans. Le Président de la République dispose de la force armée, nomme aux emplois, préside toutes les cérémonies nationales, rend des *décrets* qui ordonnent l'exécution de la loi, dont ils sont le complément ; il convoque les Chambres ; peut, avec

39. — À côté de lui se trouvent douze ministres, qui sont : le ministre des affaires étrangères ; le ministre de l'intérieur; le ministre des finances; le ministre de l'instruction publique et des cultes; le ministre de la guerre; le ministre de la marine; le ministre de la justice; le ministre des travaux publics ; le ministre de l'agriculture ; le ministre du commerce et des colonies; le ministre des beaux-arts et manufactures; le ministre des postes et télégraphes.

---

l'avis du Sénat, *dissoudre* la Chambre des députés ; il a le droit de correspondre avec les Chambres par *messages ;* il a le droit de proposer des lois, ce droit s'appelle le *droit d'initiative ;* c'est lui qui promulgue les lois, c'est-à-dire qui les porte à la connaissance du peuple français en les faisant publier dans le *Journal officiel* et en les faisant afficher dans toutes les communes. Il a enfin le droit de faire grâce ou de commuer la peine prononcée par les tribunaux.

39. — Le Président de la République est assisté de fonctionnaires appelés ministres.

Les ministres forment, réunis, le conseil des ministres. C'est dans ce conseil, présidé par le Président de la République, que sont discutées les affaires du pays et que sont prises les grandes résolutions.

Les ministres sont chargés de centraliser l'administration de la France. Toutes les autorités représentant la loi, que vous avez appris à connaître dans la commune, dans le département, viennent se rattacher chacune à ce pouvoir central que l'on nomme ministère.

Les maires, les sous-préfets, les préfets, dépendent du *ministre de l'intérieur.*

Les juges de paix, les tribunaux de première instance, les cours d'appel, ressortissent au *ministère de la justice.*

Les percepteurs, les receveurs des finances, les trésoriers-généraux sont sous les ordres du *ministre des finances.*

Les instituteurs, les inspecteurs, les recteurs, sont les agents du *ministre de l'instruction publique.*

Les généraux obéissent au *ministre de la guerre.*

Les chefs de la marine, amiraux, préfets maritimes, au *ministre de la marine.*

Le *ministre des travaux publics* a sous ses ordres les ingénieurs qui s'occupent des routes, des canaux, des chemins de fer et des établissements d'intérêt public.

Le ministre de *l'agriculture* s'occupe de tous les intérêts agricoles du pays, de l'amélioration des races chevaline, bovine, ovine, des méthodes de culture, etc.

40. — Il reste encore trois corps très-important au sommet du gouvernement ; ce sont : 1° le Conseil d'État, comme tribunal administratif ; 2° la Cour des comptes pour les finances ; 3° la Cour de cassation pour les affaires judiciaires.

La France, mes enfants, ne vit pas plus isolée que les communes ou les départements ; elle a des rapports avec les autres nations, elle a des représentants dans leurs capitales : ce sont les *ambassadeurs*, les *consuls*. Le ministre, qui donne des instructions aux ambassadeurs, s'appelle le *ministre des affaires étrangères*.

En résumé, les ministres sont des agents immédiats du pouvoir exécutif, qui sont placés chacun à la tête d'une grande division des affaires publiques. Ils sont les vrais chefs du pouvoir exécutif, puisque toutes les décisions sont prises en conseil des ministres. Le vrai gouvernement, c'est le conseil des ministres.

40. — *Le Conseil d'État* est un conseil supérieur de gouvernement qui donne son avis sur les projets de loi ou décrets préparés par le gouvernement. Il juge aussi en dernier ressort les décisions des conseils de préfecture, c'est-à-dire les affaires purement administratives.

La Cour des comptes, chargée de vérifier les dé-

41. — La Constitution est l'ensemble de toutes les lois qui régissent la République ; c'est un contrat voté par les gouvernants et accepté par les gouvernés. On lui doit obéissance et respect.

42. — La République, *ou chose publique* (res publica), signifie la nation considérée dans son intérêt *public* et se gouvernant elle-même au moyen de ses représentants.

---

penses de toutes les administrations, contrôle sévèrement l'emploi des finances de la France.

41. — Il me reste enfin, mes enfants, à vous parler de la Constitution et de la République.

La Constitution est l'ensemble des lois fondamentales de la Nation. En elle se résume tout ce que je vous ai dit sur le pouvoir législatif et exécutif et sur le suffrage universel.

La Constitution qui nous régit actuellement a été votée, le 25 février 1875, par l'Assemblée nationale élue le 8 février 1871. Cette Constitution a établi la République en France.

42. — La République, mes enfants, est le gouvernement de la Nation par elle-même ; et cela vous le comprendrez facilement, puisque vous savez que ce sont tous les citoyens qui nomment leurs représentants ; ils font, par conséquent, leurs affaires eux-mêmes.

La République, c'est l'affranchissement et la lumière.

LA RÉPUBLIQUE UNIVERSELLE.

O libre France, enfin surgie !
O robe blanche après l'orgie !
O triomphe après les douleurs !
Le travail bruit dans les forges,
Le ciel rit, et les rouges-gorges
Chantent dans l'aubépine en fleurs !

La rouille mord les hallebardes.
De vos canons, de vos bombardes,
Il ne reste pas un morceau
Qui soit assez grand, capitaines,
Pour qu'on puisse prendre aux fontaines
De quoi faire boire un oiseau.

Les rancunes sont effacées ;
Tous les cœurs, toutes les pensées,
Qu'anime le même dessein,
Ne font plus qu'un faisceau superbe ;
Dieu prend pour lier cette gerbe
La vieille corde du tocsin.

Au fond des cieux, un point scintille.
Regardez, il grandit, il brille,
Il approche, énorme et vermeil.
O République universelle,
Tu n'es encore que l'étincelle,
Demain tu seras le soleil !

VICTOR HUGO.

43. — La République peut seule nous amener au progrès moral qui est le vrai but des peuples.

44. — L'Etat est aussi la patrie. La patrie est le pays dans lequel nous sommes nés, dans lequel nous vivons.

---

43. — La République est le gouvernement qui, seul, a pour base la liberté, en garantissant les libertés individuelles ; c'est la République qui nous a donné l'égalité de tous devant la loi ; c'est la République qui, seule, peut nous amener au progrès moral, qui est le but des peuples, comme la vertu est le but des individus.

Sa devise est : Liberté, Égalité, Fraternité. Elle est le règne de la Loi, qui établit les droits et les devoirs de chacun.

Elle est, à elle seule, le Droit et la Justice.

44. — Vos devoirs envers l'État, ainsi que vous l'avez vu, peuvent se résumer dans le respect et l'obéissance que vous devez à la loi, et, par conséquent, à tous ceux qui, à un degré quelconque, la représentent et sont chargés de son exécution.

Mais l'État, mes enfants, n'est pas seulement une grande machine administrative, c'est aussi la Patrie. La Patrie, c'est le pays dans lequel nous sommes nés, dans lequel nous vivons, où nous accomplissons nos destinées.

45. — L'amour de la patrie est un sentiment inné dans le cœur de tous les hommes.

---

45. — L'amour de la Patrie est un sentiment naturel que l'éducation vient développer, mais qu'elle ne crée pas. Il existe chez tous les hommes au plus haut degré; il inspire les plus belles actions.

Les monuments, les statues qui sont sur nos places publiques, en constatent l'existence et servent à éterniser la mémoire des grands patriotes. C'est pour défendre le drapeau tricolore, emblème de la Patrie, que cent mille hommes se feront tuer.

Voulez-vous une autre preuve de l'amour de la patrie, pensez aux regrets amers qu'éprouvent les deux belles provinces que les Prussiens nous ont ravies; aux larmes que versent depuis neuf ans l'Alsace et la Lorraine en songeant à leur patrie, la France! Leur amour pour notre pays est resté gravé au fond de leur cœur et se manifeste chaque jour d'une manière éclatante en bravant même les terribles vengeances des Allemands. Ce sont les jeunes gens de vingt ans, qui, au moment d'être soldats, se sauvent plutôt que de consentir à servir leurs vainqueurs; on les punit en leur confisquant leurs biens, on torture leurs parents, rien n'y fait : la France est là; c'est en France qu'ils viennent s'engager, c'est elle qu'ils veulent servir, c'est pour elle qu'ils veulent mourir s'il le faut. Quel plus bel exemple, mes enfants, pourrait mieux vous prouver combien est tenace et vigoureux ce sentiment sublime qui engendre de tels sacrifices !

Quant à nous, mes enfants, qui avons eu le bonheur de rester Français, ce n'est pas seulement de l'amour que nous devons avoir pour notre belle patrie, mais de l'admiration et de l'orgueil, car, malgré ses derniers revers, elle est restée la première des nations par son amour du Beau, du Grand et du Vrai. Elle est l'avant-garde du Progrès, « *le volontaire du droit* », le soldat de l'idée.

LA GRANDEUR DE LA FRANCE.

La France, marchant la première vers l'avenir immense qui attend le monde, a donné au siècle son mouvement. Ce siècle dont le début a été éclatant, qui a déjà vu tant de grandeurs mortelles passer devant lui, qui a produit la plus vaste des révolutions, ouvre à l'intelligence humaine une carrière sans bornes. Les anciennes sciences s'étendent et s'appliquent ; des sciences nouvelles s'élèvent ; on pénètre dans les plus profondes obscurités de la terre, et l'on va y découvrir les premières ébauches de la création et les plus anciennes œuvres de Dieu. On s'élance vers les espaces jusqu'ici inaccessibles du ciel, et, après avoir complété le système de Newton dans l'empire borné de notre soleil, on est sur la voie des mouvements auxquels obéissent ces étoiles que leur incommensurable distance nous fait paraître fixes dans les régions mieux explorées de l'infini. Revenant sur la surface de tous côtés visitée et déjà presque trop étroite du globe, les hommes de notre siècle la resserrent, et, pour ainsi dire, la transforment par les prodiges de leurs inventions. Les mers sont traversées par des vaisseaux sans voiles que n'arrêtent plus les tempêtes, et les terres sont parcourues par des chars dont la force et la vélocité ne semblent plus dépendre que de la volonté humaine.

Ainsi les pays se rapprochent, les esprits s'unissent, les pensées s'échangent, et vainqueur de la nature, l'homme, reportant ses regards de sa demeure sur lui-même, aspire à découvrir, par l'observation et par l'histoire, les lois mêmes de l'humanité. Lorsque ce siècle aura réglé sa curiosité et tempéré sa fougue, personne ne peut prévoir sa grandeur, comme rien ne peut arrêter son génie.

Rendons hommage aux hommes qui par leurs travaux nous ont ouvert ces voies glorieuses. Soyons reconnaissants envers ceux dont les pensées ont créé nos droits, dont les découvertes forment notre héritage.

(MIGNET.)

Notre amour est d'autant plus grand que la patrie est plus belle.

D'où peut venir cet amour de la patrie, sinon de l'amour de la famille? La patrie, c'est la grande famille ; quand nous l'aimons, quand nous la défendons, c'est notre famille que nous aimons et défendons. « Les vertus civiques ont leur origine et leur consécration dans les vertus privées. »

46. — On appelle patriotisme l'amour que nous ressentons pour notre pays.

---

46. — On appelle *patriotisme*, cet amour qui nous porte à sacrifier nos intérêts et même notre vie pour notre pays. C'est le premier de nos devoirs envers la patrie.

L'AMOUR DE LA PATRIE EST PLUS FORT QUE LA CRAINTE DU DANGER.

PORTRAIT DE DANTON.

Danton, membre de la Convention, venait d'être accusé. Ses ennemis avaient juré sa perte et le résultat du jugement ne pouvait être douteux, il serait condamné à mourir sur l'échafaud. Un de ses amis vint le trouver et l'avertit en secret du danger qu'il courait, puis il lui conseilla vivement de fuir. « Eh! répondit Danton avec une magnifique noblesse, emporte-t-on la patrie à la semelle de ses bottes? »

Ce trait de patriotisme n'est pas isolé ; bien d'autres enrichissent les pages de notre histoire.

47. — Le patriotisme fait naître le courage militaire et le courage civil.

48. — Le courage militaire appartient aux soldats et se manifeste sur les champs de bataille.

---

47. — Le patriotisme engendre le dévouement qui consiste lui-même dans le courage militaire et dans le courage civil.

48. — Avoir du courage militaire, c'est savoir sur un champ de bataille mourir pour la patrie en pensant que la vie que l'on donne en sacrifice pourra sauver celle de ses concitoyens.

LE VAISSEAU LE VENGEUR.

PORTRAIT DE VILLARET-JOYEUSE.

En 1794, le gouvernement républicain avait envoyé dans la Manche une flotte chargée de protéger un convoi de blé qui venait en France. Les Anglais surprirent la flotte et un combat eut lieu à la suite duquel le vaisseau *le Vengeur* resta seul en présence des vaisseaux ennemis. Il combattit jusqu'au dernier moment, et quand il fut sur le point de s'engloutir dans les flots, le commandant

Villaret-Joyeuse fit attacher le drapeau tricolore à un débris de mât, puis le vaisseau sombra aux cris de : « Vive la Liberté ! » plutôt que de se rendre. Pendant ce temps, le convoi de blé avait passé.

LE VENGEUR.

Trahi par le sort infidèle,
Tel qu'un lion pressé de nombreux léopards,
Seul, au milieu de tous, sa colère étincelle ;
    Il les combat de toutes parts.
    L'airain lui déclare la guerre ;
Le fer, l'onde, la flamme entourent ses héros.
Sans doute ils triomphaient, mais leur dernier tonnerre
    Vient de s'éteindre sous les flots !...

    Captifs !... la vie est un outrage.
Ils préfèrent le gouffre à ce bienfait honteux.
L'Anglais en frémissant admire leur courage,
    Albion pâlit devant eux.

    Plus fiers d'une mort infaillible,
Sans peur, sans désespoir, calmes dans leurs combats
De ces républicains l'âme n'est plus sensible
    Qu'à l'ivresse d'un beau trépas.

    Près de se voir réduire en poudre,
Ils défendent leurs bords embrasés et sanglants ;
Voyez les défier et la vague et la foudre,
    Sous des mâts rompus et brûlants !
    Voyez ce drapeau tricolore
Qu'élève en périssant leur courage indompté ;
Sous le flot qui les couvre entendez-vous encore
    Ce cri : « Vive la Liberté ! »

Ce cri... c'est en vain qu'il expire,
Étouffé par la mort et par les flots jaloux;
Sans cesse il revivra répété par ma lyre,
     Siècles ! il planera sur vous.
     Et vous, héros de Salamine,
Dont Téthys vante encor les exploits glorieux,
Non, vous n'égalez point cette auguste ruine,
     Ce naufrage victorieux.   (LEBRUN.)

Voici, mes enfants, un autre exemple qui prouvera ce que peut l'amour de la patrie en vous montrant le spectacle d'un père, déjà avancé en âge, qui s'engage pour racheter la lâcheté d'un fils qui avait déserté.

PATRIOTISME.

A la bataille de Jemmapes, au moment où une colonne, abordant une des redoutes, défilait devant le général Dampierre aux cris de « Vive la République ! » comme soulevée par un enthousiasme qui rendait le sol élastique sous les pieds des soldats, celui-ci aperçut au milieu des volontaires un vieillard à cheveux blancs qui versait des pleurs en se frappant le sein.

PORTRAIT DU GÉNÉRAL DAMPIERRE

« Qu'as-tu, mon ami ? lui dit Dampierre; est-ce le moment de s'attrister pour un soldat, que celui qui le mène à la victoire ou à la mort ?

— « O mon fils ! ô mon fils ! se répondit à lui-même le combattant, faut-il que la pensée de la honte empoisonne pour moi un si glorieux moment ! »

Et il raconta au général que son fils, enrôlé dans le premier bataillon de Paris, avait déserté son drapeau, et que lui-même était parti à l'instant pour le remplacer et pour donner sa vie, en échange du bras que la lâcheté de son fils avait enlevé à la nation.

Ce trait de Romain fut consigné dans les proclamations de Dumouriez à son armée. Les jeunes soldats voulaient voir ce vétéran qui rachetait de son sang la faute de son fils, et pensaient à leurs pères en le voyant.

(LAMARTINE.)

Le courage militaire, mes enfants, est l'apanage des Français ; à toutes les époques il s'est manifesté intrépide et grandiose.

En 1792, lorsque l'assemblée législative eut proclamé la patrie en danger, l'enthousiasme des volontaires sauva la France ; dans notre malheureuse guerre contre la Prusse, il y a dix ans, ce n'est pas le courage qui a fait défaut à notre armée, mais le nombre. Nos défaites mêmes ont été glorieuses.

VIVE LA FRANCE.

J'ai vu des régiments, aux jours de défaillance,
Se porter en avant et se dévouer seuls,
Pour qu'on pût dire au moins, en parlant de la France,
Que ses drapeaux étaient encor de fiers linceuls ;

PROCLAMATION DE LA PATRIE EN DANGER.

Que nous savions encor mourir sinon combattre.
Et puis, nous n'avons pas toujours été si bas :
Frœschviller est l'assaut d'un homme contre quatre,
Et de ces assauts-là, les Prussiens n'en font pas.

Gravelotte et Borny ne sont pas des défaites ;
Les vivants ont vengé les morts de Champigny ;
Les gloires de Strasbourg échappent aux conquêtes,
Et Paris affamé n'a jamais défailli !

Oui, Français, c'est un sang vivace que le vôtre !
Les tombes de vos fils sont pleines de héros ;
Mais sur le sol sanglant où le vainqueur se vautre,
Tous vos fils, ô Français, ne sont pas aux tombeaux.

Et la revanche doit venir, lente peut-être,
Mais en tous cas fatale, et terrible à coup sûr ;
La haine est déjà née et la force va naître (1) :
C'est au faucheur à voir si le champ n'est pas mûr.

(PAUL DÉROULÈDE.)

Pendant la guerre de 1870 des cités rachetèrent
par leur héroïque défense la honte de subir l'ennemi.
Telle fut une petite ville d'Eure-et-Loir, Châteaudun.

(1) L'auteur n'a pu oublier qu'il est Lorrain, et sans vouloir
enseigner systématiquement la haine aux enfants de nos
écoles, il a cru qu'on devait du moins, chez nous, où l'on
oublie peut-être un peu vite, rappeler aux futurs soldats de
la France qu'il y a une page de notre histoire à effacer. Il
nous sera bien permis à nous, d'entretenir le patriotisme
dans le cœur de nos enfants, quand dans la plus petite classe
primaire d'Allemagne, il ne se passe pas un jour, sans qu'on
n'essaye par la lecture, la récitation ou le chant, d'inculquer
aux petits Teutons l'horreur du nom français et de *l'ennemi
héréditaire* (der Erb-Feind). (*Note de la troisième édition.*)

148. — Tout Français doit à son pays le service militaire.

---

148. — Un autre devoir très-important que nous avons envers la patrie est le *service militaire*.

Dans un pays libre, tous les citoyens doivent concourir à la défense de la patrie ; le service militaire est donc obligatoire pour tous les Français.

SOLDAT.

Toi qui, de si leste façon,
Mets ton fusil de bois en joue,
Un jour tu feras tout de bon
Ce dur métier que l'enfant joue.
Il faudra courir sac au dos,
Porter plus lourd que ces gros livres,
Faire étape avec des fardeaux,
Cent cartouches, trois jours de vivres.
Soleils d'été, bises d'hiver,
Mordront sur cette peau vermeille ;
Les balles de plomb et de fer
Te siffleront à chaque oreille.
Tu seras soldat, cher petit !
Tu sais, mon enfant, si je t'aime !
Mais ton père t'en avertit,
C'est lui qui t'armera lui-même !
Quand le tambour battra demain,
Que ton âme soit aguerrie ;
Car j'irai t'offrir, de ma main,
A notre mère, la Patrie !

50. — Les devoirs du soldat sont : d'obéir à la discipline, de s'aguerrir contre la souffrance, de faire respecter la loi à l'intérieur et de défendre la patrie au dehors en cas de guerre.

Tu vis dans toutes les douceurs,
Tu connais les amours sincères,
Tu chéris tendrement tes sœurs,
Ton père, et ta mère, et tes frères ;

Sois fils et frère jusqu'au bout ;
Sois ma joie et mon espérance ;
Mais, souviens-toi bien qu'avant tout,
Mon fils, il faut aimer la France !

(DE LAPRADE.)

50. — Je vous le répète, la France est une grande famille, tous ses membres doivent la défendre. C'est un devoir quelquefois pénible, mais que l'on remplit avec bonheur, avec dévouement et abnégation. Il faut vous y habituer par une vie mâle et dure, en fortifiant votre corps, en apprenant dès l'enfance à supporter le froid, la chaleur et la faim, en vous exerçant au maniement des armes et en obéissant. L'obéissance est la base de la discipline militaire. C'est de cette façon, qu'à vingt ans, vous serez devenus des hommes forts, vigoureux, instruits ; et quand la patrie vous appellera pour la servir, vous pourrez le faire avec intelligence et dévouement.

Rien n'est plus noble, n'est plus grand que le rôle du soldat, quand il comprend son devoir et sait l'accomplir; mais qu'il n'oublie jamais que c'est à la patrie seule qu'il doit son sang et son dévouement, et qu'il ne doit jamais être que le soldat de la France.

ROLE DU SOLDAT.

Dans nos heures d'indifférence,
Qui garde au cœur une espérance
Que tout heurte et que rien n'abat?
    Le soldat.

Qui fait le guet quand tout sommeille,
Quand tout est en péril qui veille,
Qui souffre, qui meurt, qui combat?
    Le soldat.

O rôle immense! ô tâche sainte!
Marchant sans cris, tombant sans plainte,
Qui travaille à notre rachat?
    Le soldat.

Et sur sa tombe obscure et fière,
Pour récompense et pour prière
Que voudrait-il que l'on gravât?
    Un soldat.

(PAUL DÉROULÈDE.)

Le service militaire, mes enfants, m'a amené à prononcer le mot *guerre*, je dois vous l'expliquer : la guerre en elle-même est mauvaise et impie, mais elle est quelquefois nécessaire. Elle ne peut

51. — A côté du courage militaire se place, pour le service de la patrie, le courage civil qui appartient à tous les citoyens et consiste à tout braver, même la mort, pour sauver ses semblables.

être excusée que pour la défense du sol de la patrie, mais jamais quand elle a pour but la conquête et pour cause l'ambition d'un monarque qui verse sans remords le sang du peuple, afin de satisfaire à de vains désirs de gloire ou à des intérêts dynastiques.

CONTRE LA GUERRE.

Accourez maintenant, amis, épouses, mères !
Venez compter vos fils, vos amants et vos frères ;
Venez sur ces débris disputer aux vautours
L'espoir de vos vieux ans, le fruit de vos amours...
Que de larmes sans fin sur eux vont se répandre !
Dans vos cités en deuil que de cris vont s'entendre,
Avant qu'avec douleur la terre ait reproduit,
Misérables mortels, ce qu'un jour a détruit !
Mais au sort des humains la nature insensible
Sur leurs débris épars suivra son cours paisible :
Demain, la douce aurore, en se levant sur eux,
Dans leur acier sanglant réfléchira ses feux ;
Le fleuve lavera sa rive ensanglantée ;
Les vents balayeront leur poussière infectée,
Et le sol, engraissé de leurs restes fumants,
Cachera sous des fleurs leurs pâles ossements.

(LAMARTINE.)

51. — Le dévouement à la patrie ne consiste pas

seulement à mourir sur un champ de bataille, mais aussi dans les actes ordinaires de la vie qui sont inspirés par le courage civil.

Que demain le choléra éclate en France, vous verrez des médecins courir au-devant du danger en allant soigner les malades, et cependant ils savent bien que la mort sera probablement le résultat de leur dévouement, mais leur courage n'écoute rien ; des hommes, leurs frères sont en danger, ils vont les secourir, faisant généreusement le sacrifice de leur vie pour sauver leurs semblables.

Vous voyez un homme tomber à l'eau, vous vous précipitez pour le sauver; vous arrêtez un cheval emporté ; vous faites la chaîne dans un incendie ; vous luttez avec énergie contre les chagrins de la vie, contre le malheur; tous ces actes, mes enfants, sont encore des actes de courage civil.

COURAGE DE BOISSY D'ANGLAS.

Rien ne mérite mieux le beau nom de courage que la fermeté héroïque déployée par un magistrat en face du désordre. La vie civile offre souvent des crises terribles dans lesquelles un seul homme est obligé de tenir tête à des milliers d'autres ; et c'est là un combat qui vaut celui du champ de bataille, d'autant plus que l'homme n'y est pas soutenu par l'entraînement militaire.

En 1795, le peuple de Paris, manquant de pain, se révolta et, accusant à tort l'assemblée d'être cause de la famine, marcha contre la Convention et vint envahir la salle des séances. Quelques députés essayèrent de ha-

52. — Si chaque citoyen doit son dévouement à la patrie, à l'État l'impôt et le service militaire, l'État doit en retour à chaque citoyen la garantie de ses droits imprescriptibles.

ranguer le peuple, mais ils furent insultés, et l'un d'eux, le représentant Féraud, fut tué. On lui coupa la tête, on la plaça au bout d'une pique et on vint la présenter au président Boissy d'Anglas pour l'intimider. Ce dernier regarda froidement la tête que l'on faisait monter jusqu'à lui et, quand elle fut à la hauteur de son siège, il se découvrit et la salua.

PORTRAIT DE BOISSY D'ANGLAS.

Son courage intrépide lui sauva la vie ; la foule saisie de respect s'écoula lentement et quitta l'Assemblée.

52. — En revanche, et pour reconnaître tous ces sacrifices que lui font tous les citoyens, l'État leur garantit certains droits sur lesquels il faut attirer votre attention. Ces droits sont :

1° La liberté individuelle, civile et politique ;
2° La liberté de conscience ;
3° La liberté de pensée ;
4° Le droit de propriété.

53. — Le premier de ces droits c'est la liberté civile et politique.

53: — La *liberté individuelle* est un droit qui vous laisse tout pouvoir d'agir, de faire ce qui vous plaît, à condition de ne pas faire le mal et de ne pas entraver la liberté d'autrui. Vous n'êtes pas seuls à être libres, les autres le sont aussi; vous ne devez donc rien faire qui puisse nuire à la liberté des autres; voilà pourquoi l'on vous dit que vous êtes tenus de ne pas faire le mal, parce que le mal nuit à quelqu'un; c'est une atteinte à la liberté d'une autre personne. En un mot, la liberté de Pierre finit où commence la liberté de Paul : Pierre est donc libre tant qu'il n'entrave pas la liberté de Paul, et réciproquement. Pour l'homme vivant en société, cette liberté s'appelle aussi *liberté civile.*

La *liberté politique* consiste à participer à la confection des lois et à l'administration de son pays. Tous les citoyens jouissent aujourd'hui de la liberté politique et prennent part aux affaires de l'État, soit directement, comme conseillers municipaux, d'arrondissement, membres du conseil général, ou députés; les autres indirectement, en nommant par le suffrage universel les délégués qui sont chargés de les représenter.

La liberté politique a pour but de garantir aux citoyens d'un État libre la liberté civile, c'est-à-dire

54. — Le second la liberté de conscience.

55. — Le troisième la liberté de pensée.

56. — Le quatrième le droit de propriéte.

---

la libre disposition de leurs personnes et de leurs biens.

54. — Le second de vos droits est la *liberté de conscience* ; il vous permet d'avoir la croyance religieuse qui vous plaît, sans que personne puisse y trouver à redire. Le droit de croire ce qu'il veut est inhérent à la nature de chaque individu, et c'est pour nous un devoir absolu de respecter la croyance des autres. Ce devoir porte le nom de *tolérance* religieuse. Toutes les religions, comme toutes les croyances humaines, doivent avoir le droit de s'exercer librement.

55. — La *liberté de pensée* consiste dans le droit que vous avez de concevoir en vous-mêmes toutes les idées qu'il vous plaira; mais ce droit, qui est absolu quand il s'exerce dans votre conscience, est limité si vous en faites usage d'une façon matérielle, c'est-à-dire en rendant vos idées sensibles par la parole ou l'écriture. Si vos paroles ou vos écrits doivent nuire à la liberté d'autrui, la loi est là pour protéger cette liberté et vous empêcher de la violer.

56. — La *propriété*, mes enfants, ainsi que je vous l'ai dit déjà, est le droit que possède tout citoyen de jouir et de disposer librement de ce qu'il

57. — En dehors de la garantie de ces droits la récompense que doit espérer l'homme qui a bien rempli ses devoirs envers l'État est : 1° la satisfaction de la conscience ; 2° la gloire que la patrie reconnaissante accorde à ceux qui l'ont loyalement et généreusement servie soit dans la vie civile, soit sur les champs de bataille.

---

a acquis légitimement par le travail ou l'héritage.

Ces droits que vous avez à la liberté civile et politique, à la liberté de conscience, à la liberté de pensée, à la propriété, sont inviolables et sacrés. C'est pour les défendre que les lois sont faites.

57. — Il faut faire le bien sans espoir de récompense, c'est vrai, mais c'est pourtant un noble sentiment que celui qui nous pousse à rechercher la gloire acquise par l'accomplissement du devoir. La Patrie ne marchande pas son admiration aux héros civils et militaires ; elle sait récompenser le mérite partout où il se trouve. Tout vous en donne une preuve : elle élève des statues à ses grands hommes ; les poètes, les historiens transmettent, dans leurs œuvres, la gloire des bons citoyens à la postérité.

LES GRANDS HOMMES AU PANTHÉON.

Quand le 2 avril 1791 l'Assemblée nationale apprit la mort de son grand orateur, faisant trêve à sa douleur et voulant honorer les restes du citoyen illustre que la France venait de perdre, elle décréta que la nouvelle église Sainte-Geneviève, aujourd'hui le Panthéon, serait désormais consacrée à la sépulture des grands hommes ; que Mirabeau était jugé digne de recevoir cet honneur et qu'au-dessus du fronton de l'édifice seraient gravés ces mots : AUX GRANDS HOMMES LA PATRIE RECONNAISSANTE.

Les funérailles de Mirabeau furent magnifiques. Le cortège, long d'une lieue, était accompagné par plus de cent mille personnes, parmi lesquelles se distinguaient les députés, les ministres, la garde parisienne, les corps administratifs, les députations des académies, des clubs; tous suivaient le char avec un pieux recueillement (1).

Trois mois plus tard, le 14 juillet 1791, le peuple de Paris faisait une semblable apothéose à Voltaire. Le défilé du cortège fut un des plus beaux de ceux que la Patrie consacra à la gloire de ses serviteurs. Après les sapeurs, les enfants de la garde nationale, les clubs et leurs bannières, les représentants des municipalités environnantes, venaient, portés avec une grande vénération, les bustes de Mirabeau, de Franklin, de J.-J. Rousseau. Ensuite défilèrent, une arche d'or contenant toutes les œuvres de Voltaire, un modèle doré de la statue de Voltaire, porté par les représentants des théâtres, puis les députations des académies et enfin le char funèbre avec le sarcophage surmonté d'une victoire. Ce char, que traînaient douze chevaux blancs attelés sur trois lignes, était chargé d'inscriptions honorifiques et accom-

(1) Les restes de Mirabeau furent déposés dans un des caveaux du Panthéon. Le sarcophage en pierre portait pour toute inscription cette dernière parole du grand orateur : DORMIR.

LES HONNEURS DU PANTHÉON : TRANSLATION DES CENDRES DE VOLTAIRE
11 juillet 1791.

pagné de choristes qui chantaient un hymne composé en l'honneur du mort. Le cortège, qui se terminait par le défilé des ministres, des ambassadeurs, des députations de toutes sortes, était fermé par un corps de cavalerie. La marche fut si longue qu'on n'arriva qu'à dix heures du soir au Panthéon, à la lueur des flambeaux et des illuminations.

Trois ans après, le 11 octobre 1794, les cendres de Rousseau furent transportées aussi dans le temple consacré à la gloire des grands hommes. La France payait ainsi sa dette de reconnaissance à la mémoire de deux grands philosophes qui avaient préparé l'avènement de la liberté.

GLOIRE AUX BRAVES.

Ceux qui pieusement sont morts pour la patrie
Ont droit qu'à leur cercueil la foule vienne et prie.
Entre les plus beaux noms, leur nom est le plus beau,
Toute gloire, près d'eux, passe et tombe éphémère,
    Et, comme ferait une mère,
La voix d'un peuple entier les berce en leur tombeau !

    Gloire à notre France éternelle !
    Gloire à ceux qui sont morts pour elle !
    Aux martyrs ! aux vaillants ! aux forts !
    A ceux qu'enflamme leur exemple,
    Qui veulent place dans le temple,
    Et qui mourront comme ils sont morts !

C'est pour ces morts, dont l'ombre est ici bien venue,
Que le haut Panthéon élève dans la nue,
Au-dessus de Paris, la ville aux mille tours,

LES HONNEURS DU PANTHÉON : TRANSLATION DES RESTES DE ROUSSEAU.

La reine de nos Tyrs et de nos Babylones,
　　Cette couronne de colonnes
Que le soleil levant redore tous les jours !

　　Gloire à notre France éternelle !
　　Gloire à ceux qui sont morts pour elle !
　　Aux martyrs ! aux vaillants ! aux forts !
　　A ceux qu'enflamme leur exemple,
　　Qui veulent place dans le temple,
　　Et qui mourront comme ils sont morts !

Ainsi, quand de tels morts sont couchés dans la tombe,
En vain l'oubli, nuit sombre où va tout ce qui tombe,
Passe sur leur sépulcre où nous nous inclinons ;
Chaque jour, pour eux seuls, se levant plus fidèle,
　　La gloire, aube toujours nouvelle,
Fait luire leur mémoire et redore leurs noms.

　　Gloire à notre France éternelle !
　　Gloire à ceux qui sont morts pour elle !
　　Aux martyrs ! aux vaillants ! aux forts !
　　A ceux qu'enflamme leur exemple,
　　Qui veulent place dans le temple,
　　Et qui mourront comme ils sont morts !
(VICTOR HUGO.)

TABLES

I. — TABLE DES MATIÈRES.

I. — TABLE DES ILLUSTRATIONS.

2159. — Abbeville. — Typ. et stér. Gustave Retaux.